MEU LIVRO DE CONSTRUIR HISTÓRIAS

Animais

PÉ da letra

www.editorapedaletra.com.br
(11) 3733-0404 / 3687-7198

Projeto Gráfico: Quatria Comunicação
Texto: Artur Reto Ferreira

Equipe editorial:
Gustavo Mendes – Direção de arte
Felipe Fiuza – Diagramação
Aline Casassa – Ilustrações e capa

MEU LIVRO DE CONSTRUIR HISTÓRIAS

Instruções

O **MEU LIVRO DE CONSTRUIR HISTÓRIAS** é um jogo para crianças que não gostam só de games! Pode ser jogado por um, dois, três, quatro ou quarenta!

REGRAS RIDICULAMENTE SIMPLES:
Cada história ocupará duas páginas. Na página de cima, você vai encontrar quatro colunas de palavras, cada uma com um símbolo que representa uma classe gramatical. Os símbolos são:

★	☺	→	?
SUBSTANTIVOS	**ADJETIVOS**	**VERBOS**	**MISCELÂNIA**

O **MEU LIVRO DE CONSTRUIR HISTÓRIAS** é pura diversão para você jogar com os amigos ou mesmo sozinho. Comece lendo a história da página de baixo. Quando encontrar uma lacuna, observe o símbolo que está embaixo. Então, procure o mesmo símbolo na página de cima e escolha uma das palavras sob o símbolo. Escreva a palavra na lacuna e a risque para não ser mais usada. Continue até que todas as lacunas estejam preenchidas. Pronto! Agora leia sua história em voz alta e faça todo mundo cair na risada!

Exemplo:

"Até logo!", disse ele, enquanto pulava em sua ____________ (★) e ____________ (→) com seu ____________ (?).

★	☺	→	?
SUBSTANTIVOS	**ADJECTIVOS**	**VERBOS**	**MISCELÂNEA**
carro	encaracolado	dirigia	rato
barca	púrpura	~~dançava~~	cachorro
patinete	molhado	bebia	gato
charrete	cansado	rodopiava	~~rinoceronte~~
~~prancha~~	boba	nadava	macaco

"Até logo!", disse ele, enquanto pulava em sua **prancha** (★) e **dançava** (→) com seu **rinoceronte** (?).

MEU LIVRO DE CONSTRUIR HISTÓRIAS

Relembrando

Caso você ainda não tenha aprendido sobre classes gramaticais, aí vai uma rápida explicação:

Substantivos ★ são as palavras que a gente usa para dar nome às pessoas, às coisas, aos lugares etc. Livro, caneta, guarda-chuva e menina são substantivos.

Os adjetivos ☺ nos ajudam a dar uma qualidade ao substantivo. Bom, nova, colorido, bonita são adjetivos.

Verbos → têm a ver com ação. Andar, ler e sorrir são verbos.

Miscelânea ? pode ser qualquer palavra de qualquer classe gramatical, como nariz, cinco, belezura, chicote etc.

Com vocês, Marreco e sua equipe!

★ SUBSTANTIVOS	☺ ADJETIVOS	→ VERBOS	? MISCELÂNIA
calotas	doce	pega	rosa
atores	legal	conta	azul
prato	brilhante	pula	verde
capitão	divertido	joga	lilás
esquadrão	sonoro	está	cinza
camurças	sensível	fica	roxo
jogadores	competente	aprende	marrom
garçons	esportivo	conhece	púrpura
pastor	limpo	quer	prata
tênis	excêntrico	rebola	vermelha
time	novo	precisa	amarela
cabeça	cheiroso	vai	branco

Com vocês, Marreco e sua equipe!

Olá! Meu nome é Marco Marreco. Sou o _____________ ★ de uma equipe chamada Animais Bocha Clube. Isso mesmo! Somos _____________ ★ de bocha! Você _____________ → esse esporte? É muito _____________ ☺! Nosso _____________ ★ tem quatro jogadores. Ah! Você _____________ → conhecer agora o nosso uniforme? A camisa é _____________ ?, o calção é _____________ ? e a meia é _____________ ?. Não é _____________ ☺? Também acho... Nos pés, eu costumo usar _____________ ★ durante as partidas. A gente _____________ → sempre para vencer, mas _____________ → também a perder. É o famoso espírito _____________ ☺...

A equipe

★ SUBSTANTIVOS	☺ ADJETIVOS	→ VERBOS	? MISCELÂNIA
futebol	estranhos	arremessar	cotovelo
carrossel	crocantes	mostrar	orelha
dança	tocante	apontar	calcanhar
bambolê	incríveis	palpitar	cérebro
vizinhos	enciumados	atirar	umbigo
vergonha	crítico	chacoalhar	bochecha
primos	ótimos	arrebentar	dedão
circo	cintilante	apontar	tornozelo
toalha	dormente	escalar	pulso
cadarço	sublime	apresentar	joelho
chapa	astronômicos	congelar	unha
alegria	congelante	girar	mão

A equipe

Com muita alegria, quero lhes ____________ (→) agora a equipe Animais ____________ (★) Clube... Além de mim, temos o Elias Elefante, o Jacques Jacaré e o Lair Lagartixa. Todos eles são ____________ (☺) jogadores, modéstia à parte... O Elias é o ____________ (?) do time. Sua leveza na hora de ____________ (→) a bola é algo simplesmente ____________ (☺). O Jacqucs e o Lair são ____________ (★) de 2º grau, mas totalmente diferentes um do outro. O Jacques é ____________ (☺) e sempre mantém a ____________ (?) fria, enquanto que o Lair é ____________ (☺) e está sempre com o ____________ (?) erguido para brigar e ____________ (→) seus companheiros. Eu tenho a ____________ (★) de ser o ____________ (?) desse time e ____________ (→) nosso país, levando entretenimento e ____________ (★) ao nosso povo.

Vida de atleta

★ SUBSTANTIVOS	☺ ADJETIVOS	→ VERBOS	? MISCELÂNIA
pedra	insignificantes	ignorar	queixo
pizza	gordurosos	desprezar	pé
terra	intragável	cuspir	braço
bolo	diferenciados	frequentar	olho
paçoca	brutal	fritar	joelho
omelete	pequenos	tirar	bochecha
refresco	fraco	misturar	testa
torta	picantes	fazer	narina
macarronada	espetaculares	cochichar	dente
sorvete	crocantes	comer	coxa
queijadinha	fenomenal	sapatear	estômago
vitamina	insossos	despencar	dente

Vida de atleta

Somos atletas ______________ (☺)! E para mantermos o ______________ (?) sempre em forma, precisamos ______________ (→) exercícios físicos todos os dias e ______________ (→) somente alimentos ______________ (☺) nas três refeições. E assim fazemos! No desjejum, comemos ______________ (★) com muita farofa para fortalecer a ______________ (?). No almoço, apenas cinco porções de ______________ (★) com calda de chocolate para ______________ (→) os ombros. E no jantar, algo bem leve: ______________ (★) com algumas pitadas de ______________ (★)... Isso é ótimo para o ______________ (?)... Feito isso, tomamos um ______________ (☺) banho e estamos prontos para ______________ (→). Essa é a vida de atleta! Quem quer se unir a nós, levante a ______________ (?)!

Folgas merecidas

★ SUBSTANTIVOS	☺ ADJETIVOS	→ VERBOS	? MISCELÂNIA
banana	tranquila	galopando	testa
viagem	leve	etiquetando	olhos
terapia	horripilante	rindo	barriga
folga	estressante	rebolando	culote
refeição	chocante	dançando	escápula
pimenta	intransigente	chocando	crânio
aterrissagem	cabeluda	areando	dente
bigorna	inquietante	catalogando	bochecha
bala	puxada	quebrando	nariz
joaninha	inflexível	rabiscando	orelha
tia	saltitante	sapateando	cotovelos
bola	elegante	recolhendo	perna

Folgas merecidas

Para a rotina não ficar muito ____________ ☺, uma vez por semana eu dou uma ____________ ★ para os rapazes... E o que eles fazem? Vão ____________ → ao shopping center, obviamente, para bater ____________ ?, como dizia a minha ____________ ★... O Jacques, sempre muito ____________ ☺, gosta de sair ____________ → as lojas de gravata borboleta. ____________ ☺ como sempre, o Elias vai ____________ → cada vitrine do local... E o esfomeado Lair não perde a chance de ficar ____________ → todas as lanchonetes para encher a ____________ ? de ____________ ★... E é assim que eles vão ____________ → sua mais que merecida ____________ ★. Quanto a mim? Como um bom marreco, sento minha ____________ ? numa ____________ ☺ poltrona e leio um ____________ ☺ livro. Não tem coisa melhor!

Consciência social

★ SUBSTANTIVOS	☺ ADJETIVOS	➜ VERBOS	? MISCELÂNIA
junção	antiga	juntar	navio
sociedade	deslumbrante	fugir	helicóptero
união	grande	excluir	ônibus
cartilhas	elegante	ignorar	iate
quartel	engraçada	separar	avião
sandálias	bacana	arrancar	barco
quadra	exigente	recolher	quarto
festas	constipada	discotecar	antessala
amizade	circunspecta	receber	porão
torres	respeitável	participar	despensa
coisas	honorável	escrever	varanda
pilhas	redonda	aceitar	cozinha

Consciência social

Famosa como toda _______________ ★ de bocha, o Animais B. C. é constantemente convidado a _______________ → de _______________ ★ beneficentes. E achamos que é nossa obrigação _______________ → todos os convites. Certa vez, uma _______________ ☺ senhora nos convidou e juntos conseguimos _______________ → um _______________ ? cheinho de isopor. Noutro evento, uma empresa muito _______________ ☺ organizou um jogo e chegamos a _______________ → nada menos que uma _______________ ? repleta de gavetas. Sem contar quando optamos por _______________ → nosso cachê inteiro para uma instituição. O resultado? Uma xícara cheinha de _______________ ★!!! É realmente algo muito gratificante! E assim que comprarmos nosso _______________ ?, então poderemos _______________ → muito mais...

Excursão internacional

★ SUBSTANTIVOS	☺ ADJETIVOS	→ VERBOS	? MISCELÂNIA
canoa	deslumbrante	penteou	538
corrente	entendiante	parou	1.798
carroça	maravilhosa	dedicou	1.260
clube	inverossímil	terminou	3,5
rodovia	pequena	colocou	42
cachoeira	inesquecível	desmaiou	144.000
pedregulho	distante	bocejou	1.290
órbita	desagradável	esbravejou	1.335
música	inestimável	cansou	7
iluminação	caótica	encostou	57.679.486.547
constelação	indescritível	animou	40
ginásio	entediante	invocou	3

Excursão internacional

"Embarquem todos, por favor! Temos uma ________________ ☺ viagem pela frente!", disse o motorista da Kombi quando Elias ______________ → de acomodar nossas ______________ ? malas e seu ______________ ☺ conteúdo. Era nossa ______________ ☺ excursão internacional... Desta vez, passaríamos por ________________ ? países de ______________ ? continentes. Assim que entramos na ______________ ★, um barulho ______________ ☺ veio do motor. Ainda bem que a ________________ ★ estava linda e a equipe se ______________ → a ver as estrelas. "Ali está a ________________ ☺ Constelação de Órion! Dentro dela é que estão as ______________ ? Marias!!!", disse Jacques. Depois de ______________ ? horas, o motorista ______________ →. Chegamos? Sim, mas o ______________ ★ está fechado. "Policial, é aqui o campeonato de bocha?", perguntou Marco. "Sim, mas acabou há ________________ ? dias."

O mascote

★ SUBSTANTIVOS	☺ ADJETIVOS	→ VERBOS	? MISCELÂNIA
penteadeira	sorridente	enrugando	satélite
xampu	indignado	mastigando	espaço
rede	belo	xavecando	foguete
fio	elegante	estragando	balão
pedal	enfezado	empurrando	planeta
roupa	cordial	rabiscando	órbita
andorinha	claudicante	conferindo	sol
descarga	oleoso	pirando	agência
erupção	imbatível	ralando	base
secretária	catatônico	enrolando	missão
sino	cativante	balançando	meteoro
tartaruga	senil	chamando	estrela

MEU LIVRO DE CONSTRUIR HISTÓRIAS
Animais

O mascote

Marco: O Bolinha está ______________ (→) a ______________ (★) de novo, disse o ____________ (☺) marreco enquanto descia do __________________ (?).

Elias: De quem é o dia de passear com ele? Perguntou o elefante ___________________ (→) a tromba enquanto ia ao _________________ (?).

Jacques: Eu já fui ontem, disse o _____________ (☺) jacaré enquanto usava o _________________ (★) para descer do ___________________ (?).

Lair: Quem está ______________ (→) a lista?!? O ______________ (☺) cãozinho já está ___________________ (→)!!!

Jacques: A ______________ (☺) lista está comigo!!! Hoje é dia do Bolinha passear com...

Lair: Com?

Elias: Com?

Marco: Com?

Jacques: Com o Marco! Marreco ________________ (☺), para de ficar ______________ (→) e leva esse cachorro para passear na ______________ (?)!

O bolo da dona Lagartixa

SUBSTANTIVOS	ADJETIVOS	VERBOS	MISCELÂNIA
quiabo	inexpugnável	buzinar	1.200
azulejo	salivoso	chover	1.100
cântaro	truculento	rir	1.000
chicória	sortuda	bater	900
colher	plural	capotar	800
queijo	inclusiva	chegar	700
jiló	incrível	constranger	600
pântano	charmosa	salivar	500
hortelã	competitiva	implorar	400
tigela	palatável	cozinhar	300
berinjela	frio	surgir	200
leite	garbosa	aparecer	100

O bolo da dona Lagartixa

O Lair é a lagartixa-macho mais ________________ (☺) que existe. Sabe por quê? Porque sua mãe faz o bolo de ________________ (★) mais ________________ (☺) do mundo! Se desse, cada um de nós comeria uns ________________ (?) pedaços. Sem brincadeira! Basta a dona Lagartixa ________________ (→) no nosso ________________ (★) de treinamento que a gente já começa a ________________ (→)... Por ________________ (☺) que pareça, o Elias é o mais contido, porque o Jacques e o Marco já chegam com ________________ (?) pratinhos na mão. A gente aproveita e faz um ________________ (☺) suco de ________________ (★) para acompanhar e está feita a festa! O problema são os bicões. Com aquele aroma ________________ (☺), de repente, sem a gente ________________ (→), já aparecem uns ________________ (?) vizinhos e amigos pedindo um pedacinho...

Praia com a equipe

★ SUBSTANTIVOS	☺ ADJETIVOS	→ VERBOS	? MISCELÂNIA
chapéu	marcada	elaborar	mais chique
coqueiro	inconfundível	conjugar	mais fofa
guarda-chuva	legal	sestear	mais legal
tinta	costumeira	condicionar	mais simpática
travesseiro	estranha	checar	mais atraente
guardanapo	capaz	corrigir	mais brega
mostarda	sonolenta	chacoalhar	mais surreal
óleo	normal	comer	mais estapafúrdia
leite	ideal	cultivar	mais congelante
cadarço	fugaz	exibir	mais constrangedor
purpurina	queixosa	bronzear	mais cômica
anzol	vermelha	arrancar	mais contundente

Praia com a equipe

Este feriado chegou na hora ______________ ☺! E praia é o lugar ______________ ☺ para treinar e também ______________ →! O Lair, como sempre, não sai debaixo do ______________ ★, enquanto o Marco se enche de ______________ ★, estica o ______________ ★ e esquece da vida. O Elias aproveita para ______________ → a sua nova sunga... É a coisa ______________ ? que já se viu! Para completar, o Jacques e sua ______________ ☺ boia redonda em forma de ______________ ★ consegue ______________ → a atenção de todo mundo. Nada é ______________ ? do que esses quatro juntos na praia! Se você quiser ______________ → essa cena ______________ ☺, eles vão ficar lá te esperando...

Os lanches preferidos

★ SUBSTANTIVOS	☺ ADJETIVOS	→ VERBOS	? MISCELÂNIA
capim	calejada	queimar	carmesim
água	competente	fantasiar	bege
quiabo	antipática	condimentar	âmbar
melão	murcho	amassar	azul
conchinha	carente	atirar	douradas
tofu	impaciente	esmagar	ocre
pastel	sagaz	imaginar	bronze
jaca	azedo	bolar	roxa
pariparoba	desconcertante	desinfetar	cinza
pistache	terrível	hidratar	verdes
chicória	solene	salvar	lilás
sabão	sóbria	beliscar	preto

Os lanches preferidos

O Animais B. C. é um time de ponta... Por isso, tem uma

______________ ☺ nutricionista para ______________ → alimentos

saudáveis para a equipe. E, além de ______________ → o cardápio,

Dra. Gertrudes Hipopótamo também sabe ____________ → muito

bem. São sempre duas opções: um prato salgado e um prato

__________________ ☺. Aí vai a lista dos lanches preferidos:

1. Sanduíche de ______________ ★ no pão ______________ ?

   com ______________ ★;
2. Omelete com ______________ ★ e batata ______________ ?;
3. Tapioca com molho ______________ ? e calda de

   ______________ ★;
4. Pastel de ____________ ★ e geleia de frutas ____________ ?;
5. Purê de ________________ ★;

Com tantas iguarias deliciosas assim, haja exercícios para

manter a forma...

Bocha no gelo

★ SUBSTANTIVOS	☺ ADJETIVOS	→ VERBOS	? MISCELÂNIA
sistema	insignificante	zunindo	pálpebras
computador	utópico	gritando	orelhas
placa	longínquo	empurrando	bochecha
negócio	importante	enrolando	unhas
local	amigável	bufando	cabeças
termômetro	cafona	pisando	costas
pepino	grande	atacando	joelhos
amigo	tradicional	reclamando	ombros
departamento	baita	capotando	cotovelo
farol	eloquente	sambando	pés
chantagem	benemérito	saltitando	calcanhares
prática	audaciosa	aclamando	umbigo

Bocha no gelo

Houve um ______________ (☺) torneio num ______________ (★) frio e os anfitriões fizeram um ________________ (★) de neve. “Eu nunca fiz isso!”, disse Elias ________________ (→) uma ________________ (☺) bola de neve. “Quem faz o boneco mais ______________ (☺)?”, nos desafiaram. E o jogo começou. “Terminamos!”, gritou Marco. O capitão adversário bateu as ______________ (?) no chão. “Quem ganha aqui somos nós!”, esbravejou, _________________ (→) o boneco do Animais B. C. com os _______________ (?). Lair saiu _______________ (→) e o árbitro precisou intervir. “Isso foi ________________ (★) antiesportiva.”, declarou. Eles se desculparam: “Vamos continuar _______________ (→)?” Marco deu OK. “Mas não estraguem nosso ________________ (★) de neve.”, disse ele. “Está bem... Ainda faltam as ________________ (?), os olhos e os __________________ (?). Vamos terminar juntos!”, festejaram os atletas nesta partida histórica de bocha!

O aniversário do Animais Bocha Clube

★ SUBSTANTIVOS	☺ ADJETIVOS	➜ VERBOS	? MISCELÂNIA
desempregados	explosivo	esquecer	2
alfafa	inesquecível	tossir	3
mascates	ignorado	chorar	4
música	transpirante	estourar	5
feirantes	cheirosa	lamentar	6
alfarroba	borbulhante	lamber	7
rabanete	insosso	confundir	8
raquetes	grande	cheirar	9
bombeiros	pegajosa	brindar	1.000
sapatilhas	alegres	sapatear	1.001
sambistas	desconfiados	tagarelar	999.999.999
cegonha	careca	rir	1.002

O aniversário do Animais Bocha Clube

Um acontecimento para se comemorar em __________ ☺ estilo! Ontem, o Animais B. C. fez nada mais nada menos que __________ ? anos de vida... Uma data histórica! Para __________ →, o presidente do clube, Sr. Berilo Besouro, chamou os jogadores e a mídia especializada para uma pipoqueria __________ ☺ chamada “Vamos __________ →?” . Todos os __________ ★ apareceram para __________ → com o time. Os familiares dos jogadores apareceram em peso! Afinal, não é todo dia que dá para __________ → de graça a melhor pipoca da cidade, né? Depois de __________ → umas __________ ? vezes, todos comeram __________ ★ e bolo de __________ ★. Estava uma delícia!!! Quando equipe e dirigentes voltaram para a sede do clube, abriram-se os presentes. O jornal da cidade deu um jogo de __________ ★ bem __________ ☺! A rádio da cidade deu um __________ ☺ livro chamado “Como jogar bocha”. A Federação de Bocha deu uma caixa com __________ ? folhetos intitulados “O que não fazer numa partida de bocha”. Todos ficaram __________ ☺ com os presentes...

Bocha é Ciência

★ SUBSTANTIVOS	☺ ADJETIVOS	→ VERBOS	? MISCELÂNIA
cachimbo	confusas	estragar	mais comum
mato	chatas	atrapalhar	mais dinâmico
grama	intrigantes	estorvar	mais fofo
centopeia	pouca	chafurdar	mais nada a ver
sapato	maleável	disputar	mais doido
frieira	impressionante	condensar	mais sadio
ostra	inexistente	cintilar	mais legal
tulipa	notória	vencer	mais cafona
macarrão	cativante	dominar	mais técnico
avestruz	lesada	bagunçar	mais sisuda
corrente	incomum	juntar	mais sonso
cacto	saturada	jogar	mais esperto

Bocha é Ciência

Na prática, o jogador de bocha é um cientista. Para ______________ (→) esse jogo, deve-se dominar as ______________ (☺) leis da Física e da Biologia. Jacques, por exemplo, sempre planta um pé de ______________ (★) numa terra ______________ (☺) para provar por que é o jogador de bocha ______________ (?) do mundo. Já Lair atribui sua ______________ (☺) força ao mingau de ______________ (★) que come na hora ______________ (?) do dia. Elias afirma que sua ______________ (☺) leveza vem de ______________ (→) meditação e dieta à base de ______________ (★)... Capitão Marco, o ______________ (?) da ______________ (☺) equipe, não esconde que o segredo de se ______________ (→) um time de bocha é imitar uma ______________ (★)... "É comprovadamente infalível...", revela.

A torcida

★ SUBSTANTIVOS	☺ ADJETIVOS	→ VERBOS	? MISCELÂNIA
arquibancada	feroz	esculhambar	asas
cansaço	minúscula	evitar	sobrancelhas
jornalista	inexistente	incentivar	pernas
força	triste	driblar	mãos
velocidade	pequena	descrever	bochechas
calendário	desanimada	promover	canelas
tigre	barulhenta	empurrar	narinas
chinelo	vibrante	elogiar	cotovelo
vigor	alterada	vencer	orelhas
fã	vazia	derrubar	joelho
alegria	crítica	acompanhar	tornozelo
árvore	feliz	censurar	olho

A torcida

Como todo time grande, o Animais B. C. tem uma torcida _______________ ☺ que não mede esforços para _______________ → o time em todos os jogos. Mas nossa _______________ ★ nº 1 é a Cassandra Preguiça... Onde quer o Animais mostre todo o seu _______________ ★, lá estará ela para _______________ → batendo as suas _______________ ?... O _______________ ? dos jogadores chega a bater com mais _______________ ★ por causa dela. Quando eles conseguem _______________ → um jogo, ela fica tão _______________ ☺ que até invade a quadra para _______________ → a equipe e apertar as _______________ ? de cada jogador... É um grande incentivo para os atletas! Quando acontece do time perder, ela fica um pouco _______________ ☺ e tenta beliscar suas _______________ ?. Coisa de torcedor, não é?

Cartão postal

★ SUBSTANTIVOS	☺ ADJETIVOS	→ VERBOS	? MISCELÂNIA
pacotes	esquisitos	desfila	planeta
presente	sonolentos	dorme	constelação
caramujo	distantes	sobra	estrela
selo	legais	joga	espaço
rato	ardorosos	lança	buraco negro
trator	lisos	cozinha	nebulosa
pneu	redondos	cochila	montanha
colar	displicentes	despenca	recife
pônei	amorosos	resta	arquipélago
mamão	surpresos	embrulha	praia
cartão	fofos	chacoalha	planalto
coco	condimentados	envia	desfiladeiro

Cartão postal

Sempre que o Animais B. C. ______________ (→) num ______________ (?) diferente, cada jogador ______________ (→) um lindo ______________ (★) postal para os seus mais ____________________ (☺) torcedores. De uma paradisíaca ____________________ (?) chamada Coentro, o Elias sempre ______________ (→) um delicado ______________ (★) para seus ______________ (☺) vizinhos. Sempre atencioso, Marco ______________ (→) um veloz ____________________ (★) aos seus chefes quando passa por uma ________________ (?) chamada Noz Moscada. Lair e Jacques são ______________ (☺) e deixam tudo para a última hora. Então, o que lhes ______________ (→) é correr até um ______________ (?) para ver se sobrou algum ______________ (★) para enviar à família. Eles obviamente ficam _______________ (☺) com uma lembrancinha comprada às pressas que mais parece um ______________________ (★)...

Mensagem de Natal

★ SUBSTANTIVOS	☺ ADJETIVOS	→ VERBOS	? MISCELÂNIA
políticos	indescritível	escapar	laranja
herói	desconcertante	saturar	chumbo
circos	arrepiante	madrugar	rosa
abacaxi	emocionante	navegar	lilás
pintores	intragável	estar	ocre
tubarão	sensível	comer	azul
farmácias	concomitante	jogar	marrom
tijolos	entendiante	navegar	creme
açaí	surreal	assobiar	violeta
catacumbas	disruptiva	elaborar	cinza
estúdios	construtiva	declamar	salmão
internautas	celestial	dançar	roxo

Mensagem de Natal

Às vezes, acontece do Animais B. C. _______________ (➔) em excursão no fim de ano. Então, o Departamento de Marketing do clube resolveu _______________ (➔) uma _______________ (☺) mensagem de Natal em vídeo e enviá-la a familiares e _______________ (★). Abre com um céu _______________ (?) que começa a _______________ (➔). Então, aparecem vários _______________ (★) que passam a _______________ (➔) rapidamente. De repente, o Lair entra vestido de _______________ (★), olha para o infinito e grita: "_______________ (?)!!!". Nesse momento, o Jacques, num traje _______________ (☺), abraça uma árvore _______________ (?) e sussura: "_______________ (★)..." Marco e Elias entram e começam a _______________ (➔) num ritmo _______________ (☺) e o vídeo acaba. Será um sucesso tão _______________ (☺) que certamente ganhará prêmios em todo o mundo...

Dia das Namoradas

★ SUBSTANTIVOS	☺ ADJETIVOS	→ VERBOS	? MISCELÂNIA
pernetas	imaginárias	duvidar	quadrada
lápis	legal	conduzir	redonda
craques	próximas	atravessar	oval
sargenta	inteligente	imaginar	perpendicular
astros	bonitas	represar	hexagonal
menina	genial	segurar	horizontal
cadarço	chiques	tropeçar	lavadoras
picaretas	brega	abrir	fogões
gatinha	cômicas	fritar	panelas
adesivo	cinematográfica	pensar	microondas
pilotos	bacanas	cochichar	geladeiras
isopor	impaciente	desembrulhar	secadoras

Dia das Namoradas

Atletas famosos sempre têm namoradas ____________☺... No Dia dos Namorados, os ____________★ do Animais B. C. não podem nem ____________➜ em esquecer de uma data ____________? como essa... Pensando nisso, a data de aniversário de cada ____________★ está estrategicamente anotada em suas ____________?... Em seu último aniversário, a Marcolina Marreco ganhou uma bola muito ____________☺. A senhorita Alícia Aliá não conseguiu ____________➜ as lágrimas ao ver o ____________★ inesquecível que havia recebido. A Jaquelina Jacaré-Fêmea ficou muda diante do ____________★ que ganhou. E Laíssa Lagartixa desacreditou ao ____________➜ o ____________★ dado pelo Lair... Hoje, estão todos sem namorada... Será que elas queriam ganhar ____________??!?!?!?

Centro de treinamento e horta

★ SUBSTANTIVOS	☺ ADJETIVOS	→ VERBOS	? MISCELÂNIA
chapéu	engraçado	notar	óbvio
entrave	insignificante	questionar	jamais
grão	habilidoso	gargalhar	misericórdia
navio	desgastado	galopar	talvez
clube	ridículo	ostentar	eita
obstáculo	incansável	envergonhar	não
jogador	moderno	admirar	só um pouco
conde	jocoso	concordar	nem pensar
carneiro	detonado	ventilar	imagina
charme	elegante	rebocar	lascou-se
sapato	tecnológico	encostar	claro que sim
telefone	aderente	atrapalhar	claro que não

Centro de treinamento e horta

Talvez você ainda não saiba, mas o Animais B. C. é um

______________ ★ de ponta... Sendo assim, não é de se ______________ →

que tenha um Centro de Treinamento altamente ______________ ☺...

O CT só tem um ________________ ☺ inconveniente: fica junto com

a horta do presidente Berilo Besouro... Isso vai __________________ →

o desempenho do _________________ ☺ time? __________________ ?!!!

O verdadeiro ________________ ★ é o Sr. Xavier Javali, que cuida da

horta. Se a bola ______________ → nalgum hortaliça, ______________ ?!!!

Ele fica _________________ ☺ e começa a ________________ → atrás

dos jogadores. Certa vez, o Lair foi __________________ → a bola

e arrebentou um pé de ____________________ ★ do seu Xavier...

“__________________ ?!”, gritaram todos. Pelo menos, o treinamento

de corrida ficou em dia...

Pega-pega

★ SUBSTANTIVOS	☺ ADJETIVOS	→ VERBOS	? MISCELÂNIA
retalho	assanhada	sobrevoa	2
jantar	introspectiva	desiste	tantos
pó	majestosa	presencia	alguns
troféus	frívola	vê	poucos
sinônimos	decadente	aplica	parcos
móveis	suspeita	murmura	ínfimos
sereno	caricata	chora	100
chuvisco	benfazeja	passa	144.144.144
vestido	saliente	pede	π
embate	bem-sucedida	corre	2,5
espetáculo	ululante	abençoa	2,6
uniforme	maior	voa	2,7

Pega-pega

O que leva uma equipe ________________ ☺ como o Animais B. C. ao sucesso é o treinamento. Quando você ________________ → um treino deles ____________________ → por que esse timaço venceu exatamente ________________ ? campeonatos, abarrotando sua sala de ______________ ★. Mas o ________________ ☺ segredo desse clube de __________________ ? êxitos não é a parte tática ou técnica, mas o treinamento de pega-pega... Sim, isso mesmo! Quando é a vez do Elias pegar, Jacques ______________ → sob suas pernas. Quando está com o Lair, Marco ____________ → sobre ele. E é assim que cada jogador ______________ → suas habilidades. E na hora do ____________ ★, cada craque ____________ → seu lindo ____________ ★ e ficam bem paradinhos e concentrados jogando...

Noite de Gala

SUBSTANTIVOS	ADJETIVOS	VERBOS	MISCELÂNIA
inverno	honesto	entristecer	curiosamente
saca-rolhas	singulares	pilotar	indubitavelmente
século	apimentado	arremessar	sigilosamente
marra	honorável	apresentar	atencioamente
solstício	aguardado	piscar	rigidamente
jogo	sensível	cavar	meigamente
gripe	esplosivos	entregar	categoricamente
desfaçatez	insolente	rabiscar	velozmente
calçada	discreto	refletir	eficientemente
dia	glamuroso	gracejar	obviamente
comédia	engraçados	rolar	ricamente
vergonha	importante	promover	miraculosamente

Noite de Gala

Todo ____________ ★, a Federação de Bocha tem a honra de ____________ → o Prêmio "Os melhores da ____________ ★". É, ____________ ?, o evento mais ____________ ☺ do mundo esportivo... Os premiados são ____________ ? agraciados com um ____________ ☺ diploma envernizado. ____________ ?, o Animais B. C. recebeu o seu, onde se lê:

Diploma

A ____________ ☺ Federação de Bocha vem ____________ ?
____________ → ao ____________ ☺ Animais Bocha Clube
o prêmio de melhor ____________ ★ do ano.
Título conquistado ____________ ? pelos ____________ ☺ serviços
prestados à bocha nacional.

Fazer o quê, né? #orgulhosos...